ION G. PELIVAN

II

L'UNION DE LA BESSARABIE

A LA

MÈRE-PATRIE — LA ROUMANIE

PARIS
IMPRIMERIE GÉNÉRALE LAHURE
9, RUE DE FLEURUS, 9
—
1919

ION G. PELIVAN

II

L'UNION DE LA BESSARABIE

A LA

MÈRE-PATRIE — LA ROUMANIE

---※---

PARIS
IMPRIMERIE GÉNÉRALE LAHURE
9, RUE DE FLEURUS, 9

1919

ION G. PELIVAN

II

L'UNION DE LA BESSARABIE

A LA

MÈRE-PATRIE — LA ROUMANIE

PARIS
IMPRIMERIE GÉNÉRALE LAHURE
9, RUE DE FLEURUS, 9
———
1919

PRÉFACE

La révolution russe en proclamant le grand principe des nationalités opprimées de disposer librement d'elles-mêmes, principe également admis par les puissances alliées, la Bessarabie, après plus d'un siècle d'essai du régime russe, a décidé que la seule voie naturelle à suivre est sa réunion à la Roumanie, la mère-patrie, de laquelle elle a été arrachée il y a 106 ans.

L'idée de l'union n'avait jamais succombé pendant cette longue période d'oppression. Elle a toujours guidé l'espoir des patriotes moldaves. Malgré les efforts du Gouvernement russe, le séparatisme en Bessarabie n'a pu être étouffé. C'est surtout après la révolution russe de 1905 que le courant séparatiste se développe et prend des proportions grandioses.

L'union, ou plutôt la réunion de la Bessarabie à sa mère-patrie, a été l'expression de la volonté de la majorité écrasante de la population bessarabienne.

Les témoignages cités dans le présent opuscule démontrent surabondamment que les Moldaves composent la grande majorité de cette population; faisons remarquer que ces témoignages sont d'origine purement russe : donc ne peuvent être accusés de partialité.

L'union de la Bessarabie avec la Roumanie est tellement naturelle que de hauts fonctionnaires administratifs et des savants russes même conseillaient le Gouvernement russe de restituer la Bessarabie à la Roumanie. Le chapitre ~~XI~~ *II* renseignera complètement le lecteur à ce sujet.

L'Auteur.

BIBLIOGRAPHIE

Afanasieff-Ciujbinsky (A.). *Un voyage dans la Russie du Sud*, II° partie : « Esquisses sur le Dniester », Petersbourg, 1863.

Batiuscoff (P.), ancien curateur de l'enseignement en Pologne et grand russificateur de ce pays. Son œuvre historique *La Bessarabie*, écrit sous les auspices du tzar Alexandre III, Petersbourg, 1892.

Casso (L. A.), professeur à l'Université de Moscou et ancien ministre de l'Instruction publique : *La Russie au Danube et l'organisation de la province de Bessarabie*, Moscou, 1913.

Lolotzky (P. A.). *L'histoire du séminaire théologique de Kichinev*, Kichinev, 1913.

Nacco (A.). *Etude sur l'organisation civile de la province de Bessarabie depuis 1812-1828*, Odessa, 1900.

Nestorovsky (P. A.).

  a) *Les Ruthènes de Bessarabie*, étude historique et ethnographique, couronnée par la Société imperiale russe de géographie, Varsovie, 1905.

  b) *Au nord de la Bessarabie*, Varsovie, 1910.

Les « ouvrages de la Commission savante archivale de Bessarabie », Kichinev, tome Ier, 1900 ; tome II, 1902, et tome III, 1907.

Palauzoff (S. N.), : *Les principautés roumaines de Valachie et de Moldavie sous le rapport historique et politique*, Petersbourg, 1859.

Rivet (Charles) : *Le dernier Romanof*, Paris, 1918.

Soroca (P. P.) : *La géographie de la province de Bessarabie*, ouvrage approuvé par le Ministère de l'Instruction publique pour les écoles secondaires et inférieures de Russie, Kichinev, 1878.

Zasciuk (A.), capitaine d'état-major russe : *Matériaux pour la géographie et la statistique de la Russie, recueillis par les officiers de l'état-major russe; la province de Bessarabie*, Petersbourg, 1862, Ire et II° parties.

Procès-verbal de la séance du Congrès des Coopérateurs de la Bessarabie du 6-7 avril 1917.

Procès-verbal du Congrès des Coopérateurs de la Bessarabie du 27 septembre 1917.

Procès-verbal du Congrès des prêtres et laïques de la Bessarabie du 19-25 avril 1917.

Procès-verbal du Congrès des prêtres et laïques du 3-26 août 1917.

Le protocole de la grande réunion des Bessarabiens à Odessa du 18 avril (1er mai) 1917.

Les procès-verbaux des réunions des « Représentants des organisations nationales, politiques et sociales, à Kichinev, des 20, 24, 28 juillet et 7 août 1917.

Le protocole de la séance du Conseil militaire bessarabien d'Odessa du 20 juillet 1917.

Le protocole de la séance du Conseil militaire bessarabien de Jassy du 16 juillet 1917.

Le protocole du même Conseil du 28 août 1917.

Le protocole des séances du Congrès paysan bessarabien du 1er-2 octobre 1917.

Le protocole des séances du Congrès militaire bessarabien du 20-27 octobre 1917.

Procès-verbal de la séance du « Sfatul Tzarei » du 21 novembre 1917.

La déclaration du « Sfatul Tzarei » du 2 décembre 1917.

La déclaration du « Sfatul Tzarei » du 24 janvier 1918.

Procès-verbal de la séance de l'Assemblée de la « Zemstva » du district de Baltzi du 3 mars 1918.

La déclaration de la Ligue des grands propriétaires du district de Baltzi du 3 mars 1918.

Procès-verbal de la séance de l'Assemblée de la « Zemstva » du district de Soroca du 13 mars 1918.

La déclaration du « Sfatul Tzarei » et le protocole de la séance du « Sfatul Tzarei » du 27 mars 1918.

Le procès-verbal des séances du « Sfatul Tzarei » du 26-27 novembre 1918.

La gazette *Parole moldave*, années 1917-18.

LE DÉVELOPPEMENT
DU SENTIMENT NATIONAL ROUMAIN
EN BESSARABIE

LE ROLE DE LA RÉVOLUTION DE 1905

CHAPITRE I

LE MOUVEMENT NATIONAL

Le rôle de la révolution de 1905. Le groupement des boyards. Le parti démocrate. La poursuite des publications roumaines et l'insuccès des publications russes. Le prélat Sérafim et « la dynastie Croupensky ».

Jusqu'en 1905, toutes manifestations des sentiments et de la pensée nationale moldave (roumaine) étaient strictement interdites en Bessarabie.

Avec la question nationale, l'étude de la langue, de l'histoire et de la littérature roumaines, s'occupaient plutôt les étudiants moldaves des universités russes.

Et, chose curieuse, tandis qu'on ne pouvait faire parvenir de Roumanie en Bessarabie aucun livre, ni aucun journal roumain, la censure russe d'Odessa les laissait, au contraire, assez facilement passer s'ils étaient adressés aux abonnés et dépositaires des centres *russes*.

Ainsi, dans les bibliothèques des étudiants moldaves de Dorpat, Kiev, Odessa, etc., il y avait un grand nombre de livres roumains. Ce n'est d'ailleurs que de cette manière que la littérature roumaine a pu pénétrer en Bessarabie.

*
* *

En 1905, après la guerre désastreuse contre le Japon, lorsque l'armée russe, ainsi que la bureaucratie de l'État, s'étaient complètement compromises, la révolution éclata en Russie, le tzarisme perdit son équilibre et le pouvoir lui tomba des mains pour quelque temps.

Tous les éléments opprimés de l'Empire se révoltent et demandent leurs droits nationaux et politiques. Le tzar Nicolas II « cède » et accorde la constitution surnommée « sans queue », convoquant en même temps la Douma de l'Empire.

A cette occasion, on soulève en Bessarabie la question des droits de la Nation moldave, on tient différentes réunions, on organise de nombreuses sociétés moldaves, dans les églises on commence à faire le service divin en moldave, on rouvre les chaires de langue roumaine au séminaire théologique et à l'école paroissiale de filles de Kichinev, on rouvre l'imprimerie paroissiale moldave fermée par l'archiprêtre russificateur Pavel, etc.

Le mouvement national prend deux directions : une aristocratique, sous la direction du Maréchal de la Noblesse, Paul Dicescu, et une autre démocratique ayant à la tête l'avocat de Kichinev Emmanuel Gavrilitza.

A. — Le Groupement des boyards.

Dicescu, après avoir fondé la Société de culture moldave (Societatea moldoveneasca culturala), envoie au Gouvernement de Pétrograd un rapport détaillé sur l'état arriéré dans lequel se trouvait la Bessarabie au point de vue intellectuel et économique à cause de la politique de russification qu'elle a dû subir; il prouve que la majorité de la population bessarabienne est roumaine et qu'elle ne peut recevoir les fruits de la civilisation dans une langue autre que la langue natale; Dicescu conclut en demandant *la création d'écoles roumaines*.

Mais ce fut en vain.

Le Gouvernement russe resta jusqu'au dernier moment fidèle à sa politique de russification.

De sorte que toutes les autres nationalités possédaient depuis longtemps déjà des écoles primaires en Bessarabie (écoles israélites, allemandes, polonaises et arméniennes), alors que les écoles roumaines étaient seules strictement et impitoyablement interdites.

B. — Le Parti Démocrate.

L'attitude du parti démocrate a été plus réaliste et plus décidée. Gavrilitza et son entourage ne s'inclinent pas; ils ne plient pas, ils ne sollicitent pas. Ils procèdent comme les révolutionnaires; par « ordre de déclaration » ils commencent à éditer un journal roumain intitulé : *Basarabia* (1905-1906).

Autour de ce journal se groupent presque tous les intellectuels moldaves démocratiques. Ils y inaugurent une propagande énergique pour la langue, l'école et l'église roumaine. On crée un courant puissant contre la russification, les russificateurs et les renégats. Des brochures et des livres roumains, comme par exemple : « Pilde si povete » (exemples et conseils), de P. Halippa; « Carte Moldoveneasca » (Livre moldave) de C. Popescu, etc.; toutes sortes de feuilles et de proclamations à contenu historique, national et agraire, sont imprimées et distribuées aux paysans qui, par milliers, s'empressent de les lire. D'autre part, de l'autre côté du Pruth, des livres roumains commencent à arriver par centaines de paquets en contrebande.

Du sein du peuple autochtone surgit, comme par enchantement, une pléiade de poètes nationaux comme

Iulie Friptu, Tudos Roman, Mihai Minciuna, Iorgu Tudor, Alexei Matievici, Ion Buzdugan et autres.

Les œuvres des anciens écrivains moldaves comme les fables de Donici, les poèmes de C. Stamati; « la *Cântarea Romaniei* » de Alecu Russo, les nouvelles de V. Crassescu; les « *Pribegi in tara rapita* » (errants en terre arrachée) de Moruzi; les œuvres de B. Hasdeu, etc., sont tirées de l'épaisse poussière sous laquelle ils étaient enfouis par les vieux amateurs de livres moldaves, qui les cachaient avec crainte et avec de grands soins.

Les livres sont lus avec piété comme une sorte d'apocalypse. On se les passe de main en main et on peut ainsi dévoiler à la génération qui leur succède les pensées, les souffrances et l'idéal des prédécesseurs qui avaient combattu pour la Nation et la langue des ancêtres.

Étudiants, prêtres, instituteurs, notables paysans, tous s'attachent à ce courant puissant. Tous sont pénétrés par la fièvre de l'activité nationale. On aurait dit que chacun voulait prendre la revanche du temps passé où leurs sentiments et leurs énergies avaient été étouffés.

Même des russificateurs ont remarqué que la russification en Bessarabie avait été seulement la cendre qui couvrait la flamme du sentiment national et qui, au premier souffle de vent sous la révolution, s'était dissipée pour laisser l'étincelle se développer en une flamme puissante.

La persécution des publications roumaines et l'insuccès des publications russes.

Mais les russificateurs devaient faire « leur devoir ». Pour cette raison, le journal *Basarabia* se voit supprimé et ses collaborateurs chassés.

Par contre, un autre journal moldave *Moldovanul* (le Moldave) paraît et après la suppression de celui-ci d'autres paraissent successivement : *Viata Basarabiei* et *Glasul Basarabiei*, la revue *Luminatorul* et *Cuvânt Moldovenesc*, journal et revue.

En même temps, quelques journaux russes comme *Unirea noastra* et *Besarabia* de Cecan font leur apparition avec le texte correspondant en roumain pour combattre l'influence croissante des journaux roumains. *En 6-7 ans (1906-1913) les publications moldaves eurent plus de succès en Bessarabie que les journaux russes ne purent en avoir en 106 ans.*

Le savant russe Zasciuc avoue qu'en 1858 le seul journal russe de Kichinev « *Les Nouvelles de la province de Bessarabie* » avait en Bessarabie seulement 24 abonnés[1].

La couche intellectuelle roumaine de cette époque ne lisait que les périodiques étrangers qui venaient par l'Office postal de la frontière russo-roumaine de Sculeni[2].

Le succès et l'influence de la littérature russe en Bessarabie pendant la première moitié du xix° siècle sont très bien démontrés par le fait qu'en 1838-1839, lorsque le Ministère de l'Intérieur distribuait dans le pays, par l'intermédiaire du Gouverneur de la Bessarabie Feodorof, des listes de souscription pour l'achat des œuvres complètes du plus grand poète russe A. Puchkin, 18 Bessarabiens ont souscrit, dont 2 roumains : Valeria Hasdeu et Gheorghe Rascan[3].

Et il est bon de dire à ce sujet que les Roumains de Bessarabie n'ont pas montré plus d'enthousiasme pour les Russes ni en 1861-1862, lorsqu'on inaugura le monument de Puchkin à Tzarskœ-Selo.

Malgré l'insistance du Gouverneur russe Fonton de Verraion et de ses fonctionnaires, les Bessarabiens n'ont sacrifié pour ces monuments que la modique somme de 34 roubles et 56 1/2 kopecks[4]. Cela prouve que tout ce qui était russe, était considéré comme étranger en Bessarabie.

---

1. *La province de Bessarabie*, t. I, p. 431.
2. ZASCIUC, p. 432.
3. *Œuvres de la Commission archivale bessarabienne*, tome I, p. 168
4. *Idem*, p. 170.

Le premier journal russe sérieux en Bessarabie, *Bessarabski Vestnik*, a paru le 1er octobre 1889.

Mais ayant débuté avec une direction qui ne pouvait être sympathique à la population indigène, ce journal a eu trop peu d'abonnés et s'est vu condamné à disparaître.

Alors commence à paraître en Bessarabie une série de journaux russificateurs, comme le *Bessarabetz* (1897) de Cruchevan, *Drug* en 1904 du même Directeur et après la mort de Iacoubovitch, la *Besarabia* de Cecan et autres journaux encore, tous subventionnés par les fonds secrets du Ministère de l'Intérieur russe.

Le Prélat Sérafim et la « Dynastie Kroupenski ».

En 1908 apparaît en Bessarabie un nouveau prélat : Serafim, digne émule de l'évêque russificateur Pavel (1871-1882).

Ancien colonel chassé de l'armée pour faits déshonorants, désireux d'occuper une grosse situation, Serafim embrasse la carrière monastique, fait semblant d'entrer dans les ordres, et s'introduit dans le fameux « Cabinet de la comtesse Ignatieva » de Pétrograd, par l'intermédiaire de laquelle il obtint le rang d'évêque et fut envoyé dans le diocèse de Bessarabie.

Ici il cherche l'occasion d'arriver et de parvenir. Dès le début, il découvre que le *séparatisme moldave* a pénétré aussi dans le clergé. Révolté jusqu'au fond de son âme d'arriviste, il cherche à ranger les classes élevées du pays contre le courant nationaliste moldave et à gagner le consentement de la noblesse autochtone. Mais il n'arrive à gagner à sa cause que « la dynastie Kroupenski », une organisation ultra-réactionnaire et nombreuse, composée seulement des membres de cette famille, qui avait des propriétés dans presque tous les districts de la Bessarabie et des attaches à Pétrograd ; elle exploitait à son profit le *séparatisme moldave de Bessarabie* et devint la monopolisatrice « du patriotisme russe » en Bessarabie et par suite le défenseur acharné du tzarisme, devenant ainsi la famille maîtresse qui régnait de fait en Bessarabie.

Dans les derniers temps, les publicistes russes appelaient la Province de Bessarabie: « Crupenskaia gubernia », c'est-à-dire la Province des Kroupenski.

Cette famille du reste était d'origine polonaise et avait quitté sa patrie au XVIIe siècle pour s'établir en Moldavie et était devenue Moldave.

Lorsque la Bessarabie fut annexée à la Russie, elle trahit immédiatement les intérêts de la nation moldave [1]; cherchant à parvenir au pouvoir, ses membres se transformèrent en acharnés « patriotes russes ». Les nombreux membres de cette famille doublement renégats, en commençant par le vice-gouverneur de la Bessarabie, Mathieu G. Kroupenski, qui a dilapidé en 1823 quatre millions de lei [2], argent de l'État; en continuant par Nicolas Kroupenski, qui a accepté d'être nommé par le pouvoir central maréchal de la noblesse polonaise en Podolie [3], afin de la russifier, et en terminant par Paul Kroupenski, membre de la Douma impériale, qui « paraît-il, était appointé par le Gouvernement russe pour être une sorte d'intermédiaire au cours des débats orageux » [4] entre les différents partis de la Douma impériale, se ressemblaient tous.

Le prélat Sérafim se met en rapport étroit avec le leader de cette famille, Alexandre Nicolas Kroupenski, et commence dans toutes les directions une lutte acharnée contre le séparatisme moldave.

Il destitue de leurs ministères plusieurs prêtres bien connus (Baltean, Partenie et autres); il expulse de Bessarabie plusieurs professeurs des écoles

---

1. Nacco, *Études*, p. 87-90; Zozulinof, *Une courte esquisse historique sur la Bessarabie*, p. 121.
2. Nacco, *Étude sur l'organisation civile de la province de la Bessarabie*, p. 89-90.
3. *La Roumanie*, journal paraissant à Paris, n° 69 du 8/5/19.
4. *Idem*; Charles Rivet, *Le dernier Romanof*, p. 181.

spirituelles de Kichinev (Florof, Radulescu, Grossu, etc.); il supprime la chaire de langue roumaine du séminaire théologique et de l'école paroissiale de jeunes filles où elle avait été introduite en 1905-1906; il ferme la typographie paroissiale où l'on avait commencé à publier une série de livres ecclésiastiques roumains; il rétablit la langue slavonne dans les églises et les couvents moldaves; il commence à contrôler toutes les églises et les couvents de Bessarabie pour s'assurer, par ses propres yeux, si les mesures de russification donnent les fruits voulus; il s'entoure d'une bande d'espions et de faux dénonciateurs, etc., etc.

Mais la lutte de l'évêque Serafim devenait difficile, le cercle des collaborateurs étant trop limité. Les prêtres bessarabiens se plaignent au Saint-Synode de Petersbourg qu'à cause du prélat Sérafim et de l'interdiction de la langue roumaine ils ne sont plus écoutés par leurs paroissiens et que la secte dangereuse de l' « Inockentianisme » menace de diviser l'église orthodoxe.

Mais le sentiment national, une fois réveillé, il est difficile de l'étouffer.

En 1913 « le colonel en habit ecclésiastique », Sérafim Ciciagof, à la suite d'une fausse dénonciation, adressée par lui au Synode et au Ministère de l'Intérieur, se trouve compromis et est déplacé de Bessarabie.

*
* *

En 1914 commence la guerre mondiale. Les paysans roumains de Bessarabie, mobilisés et forcés de verser leur sang pour une cause étrangère, viennent en contact en Bucovine et en Galicie avec des prisonniers roumains bucoviniens et transylvains.

Ensuite, à partir de 1916, ils se rencontrent constamment sur le front roumain avec les roumains du royaume.

Et ils purent constater que leurs frères sont plus instruits, sachant tous lire et écrire; que la Roumanie et la Bucovine sont plus civilisées que la Bessarabie ; que ces pays ont des chaussées, des voies ferrées, des écoles roumaines, une administration et des juges roumains ; qu'on cultive mieux la terre chez eux, etc.

Ces constatations ont profondément impressionné le paysan roumain de Bessarabie.

Aucune école, aucune propagande, n'eût pu le préparer mieux et davantage à son union avec la Roumanie sa mère-patrie que la guerre de 1914-1918.

CHAPITRE II

LA BESSARABIE EST RESTÉE ROUMAINE

Les témoignages des hauts dignitaires et savants russes : *a*) du gouverneur Timcovsky. — *b*) des savants : Zasciuk, Afanasief-Ciujbinsky, P. P. Soroca. — *c*) de l'historien P. Batiuscoff. — *d*) du publiciste Cruchevan. — *e*) de l'historien Lascof. — *f*) du professeur et ancien ministre russe Casso. — Les hommes politiques russes demandent au Gouvernement russe de rendre la Bessarabie à la Roumanie.

Malgré tous leurs efforts, poursuivis pendant plus d'un siècle, pour dénationaliser les Roumains de Bessarabie, les Russes n'y ont pas réussi et la Bessarabie est restée quand même roumaine.

Cela résulte clairement des témoignages suivants enregistrés aux différentes époques du régime moscovite en Bessarabie.

Il n'y aurait que l'ignorance ou la mauvaise foi qui pourraient contester que la Bessarabie était moldave au moment de son annexion en 1812.

Ainsi parmi les savants russes, il y en a qui continuent à appeler, jusqu'à nos jours, la Bessarabie : « la Moldavie russe »[1]. Ceci prouve que la Bessarabie était moldave jusqu'à son annexion, c'est-à-dire qu'elle faisait partie de la principauté de la Moldavie.

Les paysans ukrainiens d'au delà du Dniester, et surtout ceux de Podolie, continuent également à appeler la Bessarabie : la Moldavie.

Pour la première moitié du XIX° siècle, nous ne croyons pas avoir besoin de prouver la majorité écrasante de la

---

[1]. MILIUCOFF et autres.

population roumaine en Bessarabie. car même les statistiques russes ne le contestent pas.

Néanmoins, pour prouver que, dans le premier quart du XIXe siècle, les Moldaves seuls étaient considérés comme l'élément autochtone et stable, malgré l'essai de colonisation avec des étrangers, nous ne pouvons résister de citer deux lignes du rapport du Gouverneur russe de Bessarabie de 1827, Timcovsky, adressé au Gouverneur général d'Odessa Palen :

« *La Province de Bessarabie*, dit Timkovski, *se compose de deux catégories d'habitants : des Moldaves indigènes et des vagabonds qui s'y sont introduits à différentes reprises et dont la moralité n'a pas changé*[1]. »

Ce qui prouve que les éléments non roumains n'étaient pas stables.

On sait qu'après la « cession » de la Bessarabie du Sud (les districts Cahul, Bolgrad et Ismail) à la principauté de Moldavie, à la suite du Traité de Paris (1856), l'administration russe a déployé une énergie extraordinaire pour la dénationalisation de l'élément roumain « de l'ancienne Bessarabie ». Mais cela n'y fit rien, car la population roumaine, malgré tous les procédés de russification employés, y resta en majorité écrasante. Et le Capitaine d'État-Major A. Zasciuk le prouve dans son livre : *La province de Bessarabie* (1862), qui reste, jusqu'à nos jours, pour la géographie et la statistique de la Bessarabie, un des ouvrages les plus sérieux de tous ceux qui ont paru en langue russe.

Malgré ses sentiments russes, Zasciuk dit que *les Moldaves sont les éléments autochtones de la Bessarabie et qu'ils forment les trois quarts de la population*[2].

En 1862, l'écrivain russe A. Afanasieff-Ciujbinsky, à la suite d'un voyage qu'il fit en Bessarabie, note dans son livre intitulé *Esquisses sur le Dniester* (1863) l'exploita-

---

1. Nacco, *Études*, p. 110.
2. pp. 15, 45.

— 18 —

tion barbare du paysan roumain par tous les étrangers venus de partout[1], qui *absorbent toute la sève puissante de la Province* [2], et il dit ensuite que : « la prospérité de la Bessarabie ne se trouve que sur le papier, dans les comptes rendus de l'Administration[3] », et il affirme que les Moldaves ne peuvent pas apprendre à lire et à écrire, parce que « *la langue roumaine est prohibée et qu'il y a peu d'amateurs pour la langue russe* »[4], et qu'en Bessarabie, qui est considérée comme « une mine d'or »[5], les Russes trouvent très avantageux d'avoir des fonctions[6].

Afan. Ciujbinsky constate encore : « *Je confesse ouvertement qu'avant d'avoir vu la Bessarabie, j'ignorais que la population locale, — en dehors du petit angle septentrional où vivent les Ruthènes..., en dehors de quelques colonies et de 70 000 Russes, qui sont dispersés dans la Province — se compose de Moldaves qui ne savent pas du tout le russe* » et « *auxquels la langue russe leur est imposée par les patriotes policiers par le nagaika (knout) et le cassement des dents* »[7].

Avec l'année 1871 commence en Bessarabie l'époque la plus terrible de russification, connue sous le nom de *l'époque de l'évêque Pavel* (1871-1882).

Et il est bon de noter qu'à cette époque la population roumaine garde la proportion de 75 pour 100 comme en 1862[8].

En effet, en 1878, paraît *la Géographie de la province de Bessarabie* par P. P. Soroca, « *approuvée* par le Ministère de l'Instruction publique pour l'usage des écoles secondaires et inférieures » de la Russie.

Au chapitre sur la population de la Bessarabie, Soroca

---

1. AFAN. CIUJBINSKY, p. 14.
2. *Idem*, p. 22.
3. *Idem*, p. 20.
4. *Idem*, p. 19.
5. *Idem*, p. 35.
6. *Idem*, p. 27.
7. AFANASIEF CIUJBINSKY, p. 266 et 283.
8. ZASCIUK, *op. cit.*, p. 151, 450.

dit : *les Moldaves forment la masse principale de la population, approximativement les 3/4*[1].

En 1892, on a publié sous les auspices du tzar Alexandre III l'œuvre historique bien connue *La Bessarabie*, due à un des plus grands chauvins et fanatiques panslavistes : P. N. Batiuscoff.

Eh bien, ce Batiuscoff, qui a sacrifié 55 ans de sa vie pour la russification de la Pologne, de la Lithuanie et de la Russie Blanche, détruisant et confisquant tout ce qui rappelait le catholicisme et le royaume de Pologne, lui, qui a fait les plus grands éloges du plus misérable russificateur de la Bessarabie, — l'évêque Pavel[2] —, se voit forcé d'avouer :

a) Que sous l'administration de cet évêque (1871-1882), « *la Bessarabie était loin d'être russe par sa langue comme par sa vie* », et qu'en Bessarabie il y avait « *beaucoup de ces hommes qui regardaient vers le Pruth en soupirant*[3] ».

b) Qu'en 1892, lorsqu'il termina son œuvre « *La Bessarabie* » « *l'élément prédominant en Bessarabie était l'élément moldave*[4] » qui formait plus de la moitié du total de la population bessarabienne[5].

Treize ans plus tard, c'est-à-dire en 1905, l'année de la révolution russe, le célèbre savant russe P. A. Nestorovsky, dans son œuvre historique et ethnographique, *Les Ruthènes de Bessarabie*, couronnée par la Société de géographie impériale russe, se plaint que « l'accroissement de la nationalité voisine roumaine aux dépens de la nationalité russe n'a pas cessé jusqu'à nos jours[6] ».

Ce savant renouvelle sa plainte en 1910 dans un autre livre : *Au Nord de la Bessarabie*[7].

D'autres écrivains et savants russes, comme Grot,

---

1. Soroca, *op. cit.*, p. 80.
2. *Basarabia*, IIe partie, p. 53.
3. *Idem*, p. 55.
4. *Idem*, p. XXXIV.
5. *Basarabia*, I[e] partie, p. 171.
6. Nestorovsky, p. 35.
7. *Idem*, p. 117-118.

Vasilewsky, etc., constatent, eux aussi, la même chose.

Enfin, nous pourrions encore citer des écrivains russes P. Cruchevan (*L'Almanach de Bessarabie*) et N. Lascof (*Le Centenaire de la Bessarabie*, 1912), dont le premier atteste pour les Moldaves 75 pour 100 du total de la population (page 175), et le second 70 pour 100 (page 53).

Mais nous préférons nous arrêter un peu plus à l'œuvre érudite *La Russie au Danube* du savant professeur L. Casso, ancien Ministre de l'Instruction publique sous le règne de Nicolas II, écrite en 1913 à l'occasion du centenaire de l'annexion de la Bessarabie.

Après avoir dit combien les Russes connaissaient peu la Bessarabie, au point de vue historique et géographique, Casso ajoute : « Aujourd'hui encore, les informations que l'on reçoit sur cette province éloignée, par les départements centraux, ne sont pas toujours exactes. Par exemple : « *l'Annuaire de Russie* » *qui est édité par le Comité statistique central du Ministère de l'Intérieur pour l'année* 1910, *énumérant les nationalités qui habitent la Bessarabie, ne mentionne pas la nation moldave, bien qu'elle forme plus de la moitié de toute la population de la province de Bessarabie*[1]. »

Ensuite Casso démontre que le paysan roumain, malgré l'adversité des temps, est resté tel qu'il était avant l'annexion de la Bessarabie : « Pourtant la population rurale, dit-il, de cette province limitrophe a peu changé au courant du siècle dernier (XIXe) et elle a vécu en Bessarabie dans les mêmes conditions économiques que les Moldaves d'au delà des frontières de notre Empire. »

« *Aujourd'hui encore on peut trouver chez elle les mêmes traits de son caractère national qui ont été observés par les Russes et par les étrangers* (Cunitzki, Zucher *et autres*), *qui ont connu la Bessarabie aussitôt après son*

---

[1]. Casso, p. 228.

annexion : ils admiraient l'agréable simplicité des Moldaves, le dévouement pour la tradition des ancêtres, le courage de braver la mort et la soumission à l'égaad de ses supérieurs. »

« Toute manifestation de l'autorité de l'État est reçue *par les paysans roumains* avec méfiance. C'est que depuis l'époque *où leurs ancêtres, les Daces romanisés, avaient occupé le territoire entre les Carpathes et le Dniester*, qu'on appelait dans l'antiquité *Solitudo Getarum*, ils ont vu et connu beaucoup d'administrateurs. Il a beaucoup souffert, depuis relativement peu de temps, des incursions des « bachi-bousouks », des oppressions de l'ispravnick du prince (préfet), du grec fermier et du juif cabaretier[1]. »

Cette ténacité du peuple roumain a étonné tous les savants qui l'ont connu de près et qui se sont convaincus que *le Roumain ne périt pas*.

Si 1000 ans du joug hongrois (Transylvanie), 450 ans du joug turc (la Moldavie et la Valachie) et 144 ans du joug autrichien (la Bucovine) n'ont pu contraindre le roumain à changer son caractère national, le Roumain de Bessarabie a d'autant moins été influencé par le joug moscovite qui dura 106 ans.

Les Russes eux-mêmes ont été finalement obligés de reconnaître cette vérité. Et quelques-uns d'entre eux, parmi les plus loyaux et les plus honnêtes, ont été obligés de reconnaître que la Bessarabie devrait être rendue à la Moldavie et ensuite à la Roumanie. Dès 1812, l'amiral Paul Tchitchiagof a eu cette opinion et il l'a même exprimée au tzar Alexandre I[er 2].

Cette même opinion était partagée dans la seconde moitié du XIXe siècle par quelques panslavistes comme Danilevsky, qui, s'étant convaincu que les Roumains n'étaient pas d'origine slave, comme le croyaient d'autres

1. Casso, p. 226-227.
2. Casso, p. 149, 150.

slavophiles tels que Batiuscof et d'autres et ayant préféré la conservation du principe de nationalité, « *conseillait au Gouvernement russe de donner la Bessarabie à la Roumanie* »[1].

P. Durnovo, l'écrivain et publiciste russe bien connu, donnait le même conseil en 1912 au Gouvernement russe[2].

Enfin le célèbre écrivain militaire russe, A. P. Kuropatkin, était du même avis[3].

Nous espérons qu'à présent cette opinion sera partagée par tout le monde civilisé.

---

1. Casso, p. 229; Danilevsky, *La Russie et l'Europe*, 1888, p. 442.
2. *Les nouvelles de Pétrograd* (en russe), 1912.
3. *Les problèmes de l'armée russe*, I, p. 402 et 404; II, p. 502; Casso, p. 229.

CHAPITRE III

L'IDÉE D'UNION DE LA BESSARABIE A LA ROUMANIE

L'organisation du parti national démocrate moldave. Les diverses réunions et congrès demandent l'autonomie de la Bessarabie. Les protestations contre les tendances de l'Ukraine d'annexer la Bessarabie. — Le congrès des paysans du 1-2 octobre 1917. — Le congrès militaire du 20 octobre 1917. Le Parlement de la Bessarabie — Le « Sfatul Tzarei ». — La proclamation de la République fédérative moldave le 2 décembre 1917. — La proclamation de la République moldave indépendante, le 24 janvier 1918. La proclamation de l'Union conditionnée de la Bessarabie avec la Roumanie. — La composition du « Sfatul Tzarei ». La proclamation de l'Union sans condition et le vote de la réforme agraire.

L'Organisation du Parti National Roumain.

Lorsque le Tzar Nicolas II fut détrôné, une ère nouvelle commença pour la Bessarabie, ainsi que pour les autres provinces opprimées. Tous les éléments conscients roumains qui jusqu'alors travaillaient en cachette se sont montrés ouvertement au grand jour.

Dès le début, on sentit le besoin de déployer une activité plus systématique, plus disciplinée et plus productive, pour arriver à une organisation politique plus solide. Ce problème fut très bien résolu par les éléments groupés autour de la rédaction du journal roumain *Cuvânt Moldovenesc* (Parole Moldave).

Ainsi, en mars 1917 se forme à Kichenev un parti national démocrate moldave qui avait comme point fondamental dans ses statuts *l'autonomie complète de la Bessarabie* et qui est devenu ensuite l'organisation politique la plus puissante et la plus nombreuse du pays.

Aussitôt après la formation du Comité central de ce parti à Kichenev, on commença dans les villes départementales la fondation de sections secondaires, lesquelles continuèrent à leur tour l'organisation du parti dans les capitales des « volostes » (circonscription) et des villages.

Tout ce qu'il y avait de plus roumain, d'intelligent et d'honnête, est entré dans ce parti : des instituteurs, des prêtres, des coopérateurs, des propriétaires, des professeurs, des négociants, des fonctionnaires, des étudiants, des lycéens, des paysans, etc....

Il n'y avait point de villages, il n'y avait pas de cabanes où la gazette *Cuvânt moldovenesc* qui est devenue l'organe du parti, n'ait pénétré ainsi que diverses brochures et proclamations sur l'autonomie, sur l'école, l'église, la justice et l'administration moldaves, la terre, etc.

De pair avec la formation de ce parti commence l'organisation de différentes classes sociales et professionnelles : les paysans, les instituteurs, les grands propriétaires, les prêtres, les coopérateurs, les fonctionnaires, etc.

Plusieurs réunions eurent lieu (des meetings) et ensuite divers congrès de représentants des différentes classes sociales et professionnelles.

Dans toutes ces réunions et congrès on parla des réformes sociales et professionnelles aussi nécessaires que celles d'ordre politique.

Il n'y a pas eu de « résolutions » prises par les réunions et les grands congrès, dans lesquelles, parmi les autres *desiderata*, il n'y ait eu aussi *l'autonomie de la Bessarabie*.

Nous n'avons pas la possibilité ici de parler de chaque congrès à part, nous nous bornerons à rappeler seulement les plus importants.

Le premier grand et sérieux congrès a été tenu par les

coopérateurs bessarabiens à Kichinev le 6 et le 7 avril 1917.

Dans le mémorandum de ce Congrès, envoyé au Gouvernement provisoire de Pétrograd, en dehors des différentes libertés et réformes, on demande encore :

1° « La continuation de la guerre contre les empires centraux jusqu'à la victoire finale ».

2°. « *L'autonomie de la Bessarabie* au point de vue administratif, ecclésiastique, intellectuel et économique », avec l'usage de la langue roumaine dans toutes les institutions du pays.

3° La formation en Bessarabie « *d'un organe, Conseil ou Divan, législatif, pour le vote des lois concernant la vie intérieure du pays* »[1].

Le second congrès des coopérateurs bessarabiens du 27 septembre 1917 demanda la même chose.

Le second grand congrès, par ordre chronologique, a été la *réunion des prêtres et des paroissiens* de tout le diocèse de Bessarabie, tenu du 19 au 25 avril 1917. 250 prêtres et laïques, représentant 34 régions ecclésiastiques, qui forment les divisions administratives ecclésiastiques du diocèse de Bessarabie, prirent part à ce congrès.

Le but de ce congrès était la proclamation de l'autonomie de l'Eglise bessarabienne. Mais comme l'autonomie ecclésiastique est étroitement liée à l'autonomie politique, le congrès n'a pu ne pas voter aussi l'autonomie politique.

Pour cette raison, le congrès, précisant les réformes nécessaires en Bessarabie, demande entre autres :

1° *L'autonomie de la Bessarabie*, « conformément au principe d'auto-détermination de chaque peuple », principe décrété par le Gouvernement provisoire russe.

2° *La formation d'un Conseil suprême (Divan)* qui sera mis à la tête de l'Administration bessarabienne comme organe administratif et exécutif.

---

1. Procès-verbal du congrès du 6 et 7 avril 1917.

3° *L'élection de ce Conseil par l'Assemblée des représentants du peuple (« Sfatul Tzarei ») organe législatif, dont il dépendra* [1].

Les mêmes principes ont été soutenus par le second congrès du clergé et des paroissiens qui eut lieu du 3 au 26 août 1917 [2].

La veille de la réunion du congrès, du 19 au 25 avril 1917 à Kichinev, un grand meeting bessarabien eut lieu à Odessa le 18 avril 1917. Plus de dix mille bessarabiens qui se trouvaient à Odessa ont pris part à ce meeting ; des militaires, des étudiants, des médecins, des professeurs, des propriétaires, des prêtres, etc., c'était peut-être la manifestation la plus imposante et la plus grandiose qui ait jamais eu lieu à Odessa.

Parmi d'autres points importants cette grande réunion demanda :

1° L'organisation de la Bessarabie sur les plus larges bases *d'autonomie politique*.

2° La concentration des unités militaires moldaves en Bessarabie, dans le but de mieux garantir le front roumain avec ses forces disciplinées, et, d'autre part, pour empêcher des « Marcheviea roti » (unités militaires russes), qui traversaient la Bessarabie, de se livrer au pillage et au vol [3].

Ensuite commença une série de réunions et de congrès moins importants dans les villes, les districts et les « volostes » (arrondissements) de la Bessarabie. Ainsi, en avril, mai et juin 1917, on a tenu des réunions à Kichenev, Baltzi, Soroca, Bolgrad, Orhei, Bender, etc.

De même eurent lieu des congrès des délégués de la voloste Slobozia-Baltzi (3/v/1917), de la voloste Lapusna (16/v/1917), etc.

Au mois de mai, l'état moral des villes et des villages de

---

1. Procès-verbal du 19-25 avril 1917.
2. Procès-verbal du 3-26 août 1917.
3. Procès-verbal du 18 avril 1917.

Bessarabie devint très inquiétant. Les unités militaires russes qui, même sous le contrôle d'une discipline sévère, se livraient au pillage, devinrent à présent insupportables. La Bessarabie, en raison de sa situation géographique, formait l'arrière du front roumain. Toutes les armées russes devaient la traverser pour aller ou retourner au front pour se reposer ou se reconstituer.

La discipline militaire étant affaiblie, *des bandes de déserteurs et de voleurs commencèrent à piller les villages de Bessarabie et à violer les femmes restées sans défense.*

Ces atrocités ont eu une très grande influence sur l'état d'âme des soldats bessarabiens qui étaient au front.

De sorte qu'en mai 1917, le général Tscherbacief s'est vu obligé, afin de mettre un terme à ces atrocités, de permettre, par le prikase n° 156370, la formation en Bessarabie *de 16 détachements (cohortes)*, composés chacun de 100 soldats indigènes et répartis à raison de deux détachements dans chaque département. Ces détachements étaient chargés de maintenir l'ordre dans le pays et de lutter contre l'anarchie. Survint ensuite un événement de grande importance qui a pressé davantage la séparation de la Bessarabie.

L'autonomie de l'Ukraine avec son parlement « Rada ukrainienne » et son gouvernement « le secrétariat général » fut un fait accompli en juin 1917.

Ce secrétariat a manifesté sa tendance *de comprendre la Bessarabie aussi dans le cercle de son activité.*

Ce fait a soulevé en Bessarabie, comme sur tous les fronts russes, les protestations les plus énergiques de la part de tous les Bessarabiens. A cette occasion, une série de réunions ont eu lieu à Kichenev, composées des représentants des organisations nationales, politiques et sociales et dont les plus importantes furent celles du 20, 24 et 28 juillet et du 7 août 1917.

La première réunion a été organisée et présidée par le

commissaire provincial du gouvernement provisoire en personne.

A ces réunions ont été représentés, à l'exception des groupements plus petits, la mairie de la ville de Kichenev, la Zemstva provinciale (conseil général de la province), la Zemstva de la région de Kichenev, les groupements nationaux juifs, roumains, polonais, ukrainiens, allemands, les groupements militaires, les partis : socialistes de différentes nuances, sioniste, cadet, paysan, etc. A la première réunion, les décisions suivantes ont été prises, entre autres :

1° « *L'annexion de la Bessarabie à l'Ukraine contre sa volonté est inadmissible.* »

2° « Le commissaire provincial doit être chargé de déclarer à la Rada ukrainienne que les nombreux congrès qui ont eu lieu en Bessarabie, des paysans, des instituteurs, des coopérateurs et des prêtres, ont exprimé à l'unanimité la volonté du peuple que la Bessarabie *soit autonome au point de vue territorial.* »

3° Si l'initiative de l'attitude de l'Ukraine vient du gouvernement provisoire, « *alors le commissaire provincial doit protester contre ce gouvernement* ».

4° La formation d'une commission des représentants de tous les groupements nationaux, politiques et sociaux, qui doivent « élaborer le règlement *de l'organe plénipotentiaire de la Province* sur le principe de la représentation juste et proportionnelle des nationalités ».

La Commission fut formée et se mit au travail.

Des protestations analogues sont venues aussi de la part des groupements militaires bessarabiens du front et de l'arrière.

Le Comité militaire moldave d'Odessa, qui représentait déjà alors 190 000 soldats bessarabiens organisés, envoie, le 20 juillet 1917, par le « Rumcerod », une protestation au gouvernement provisoire russe par laquelle : *il repousse d'une façon catégorique toute prétention de l'Ukraine sur la Bessarabie*, désignant cette prétention comme « impérialiste et antidémocratique », et il demande que le gouvernement provisoire, par un acte officiel séparé, *reconnaisse à la nationalité roumaine le droit d'autonomie dans ses frontières historiques et ethnographiques*.

Quelques jours auparavant, le 16 juillet, le Conseil des militaires bessarabiens du front roumain (Jassy) s'adressant par une déclaration à tous les groupements politiques, nationaux et sociaux de Bessarabie, demande *l'organisation à Kichenev d'un Conseil provincial* qui doit s'occuper entre autres de l'élaboration d'un projet d'*autonomie nationale et territoriale* et assurer complètement les droits des minorités.

* * *

Pendant ce temps, les bandes de déserteurs et voleurs russes devenaient plus nombreuses et de plus en plus dangereuses. Les pillages, les viols et les meurtres se commettaient en plein jour. Les détachements régionaux pédestres étaient trop faibles et insuffisants pour lutter contre ces bandes.

On était arrivé à un tel point d'anarchie qu'au mois d'août furent assassinés plusieurs propriétaires, prêtres, et deux chefs du mouvement national roumain : l'avocat Mourafa et l'ingénieur Hodorogea.

C'était bien le commencement de la plus terrible anarchie bolcheviste.

La Bessarabie, qui avait été parcourue par les armées en 1914-1915-1916 et 1917, était menacée d'être complètement ruinée.

Pour cette raison, le Comité militaire bessarabien qui se trouvait sur le front roumain demanda le 28 août 1917 au général Tscerbacief, chef suprême des armées du front roumain, de faire sortir de Bessarabie les unités militaires de la réserve qui étaient venues de Bucovine et de Galicie et d'augmenter le nombre des détachements d'infanterie jusqu'à 5o, ainsi que de former 20 détachements de cavalerie. Pour cette même raison, le *Congrès paysan* du 1-2 octobre 1917, constatant la désorganisation et l'anarchie terribles qui régnaient dans le pays ainsi que l'incapacité du gouvernement central de garantir la vie et les biens de la population, a décidé entre autres de former immédiatement pour l'organisation du pays le *Conseil provincial*, composé de 100 membres dont 70 pour 100 moldaves et 3o pour 100 représentants des autres nationalités. Pour l'élaboration du règlement de ce Conseil, le Congrès a désigné une Commission spéciale. Mais à cause de l'anarchie qui s'étendait de plus en plus, les Commissions chargées de l'organisation du Conseil suprême de la province rencontraient beaucoup de difficultés.

D'autre part, quelques partis politiques russes, tels que le parti centraliste des cadets et même certaines fractions socialistes russes, ont fait opposition au mouvement nationaliste moldave.

Ces oppositionnistes russes ou russifiés, voyant très bien que l'autonomie de la Bessarabie amènera d'une façon très logique ce pays à s'unir avec la Roumanie, ont commencé à mettre en toute occasion des obstacles au mouvement nationaliste roumain. Par exemple, lorsque la nationalisation des écoles commença en Bessarabie (l'été de 1917), ils ont commencé à faire une agitation terrible *contre l'alphabet latin* et contre les livres roumains de pédagogie, s'efforçant de démontrer que par ces livres pouvait pénétrer en Bessarabie « la culture sauvage de la Roumanie ».

En ce qui concerne l'autonomie et le Conseil suprême de la province, les membres de l'opposition russe objectaient que le Conseil suprême ne pouvait être organisé sur une base démocratique jusqu'à la démobilisation complète et le retour à la maison des paysans et que l'autonomie et le Conseil suprême ne seraient pas utiles, car, en automne 1917, on convoquera la Constituante de la

Russie entière qui s'occupera de l'organisation de la Bessarabie. Mais, en réalité, une partie de l'opposition était composée de centralistes et impérialistes incorrigibles, et d'autres faisaient l'opposition parce qu'ils avaient été envoyés en Bessarabie par l'ancien gouvernement tzariste pour russifier la province[1], et ignorant la langue roumaine ils auraient été destitués de leurs fonctions dans une Bessarabie autonome ou unie à la Roumanie.

Dans cet état de choses, les organisations moldaves de la Bessarabie se sont vues contraintes à recourir à l'aide des frères mobilisés qui se trouvaient sur les différents fronts et dans les différentes garnisons dans l'intérieur de l'Empire.

Le Comité militaire moldave de Kichenev prend l'initiative de convoquer un Congrès militaire des représentants de toutes les unités militaires *qui réunissaient en général plus de* 300 000 *Bessarabiens mobilisés*, c'est-à-dire presque tous les hommes valides entre 19 et 48 ans.

Ce Congrès se réunit à Kichenev, le 20 octobre 1917; ses séances ont duré jusqu'au 27 octobre et 989 délégués y ont pris part. Il est salué par le représentant du Gouvernement provisoire — le Commissaire provincial, — ainsi que par les représentants des différents partis et groupements sociaux, politiques et nationaux. Tous montrent l'état des choses dans le pays « souhaitant au Congrès un travail profitable à l'organisation et au bien du pays ».

Le Congrès commence les travaux et choisit parmi ses membres *les différentes sections et commissions*. Le programme du Congrès comprend 10 points principaux concernant les différentes nécessités du pays. Les plus importants sont *l'autonomie* de la Bessarabie et le *Conseil du pays*.

La décision du Congrès concernant l'autonomie est

---

1. Différents fonctionnaires, juges, professeurs, agents, etc.

adoptée le 21 octobre *par tous* les délégués du Congrès et est la suivante :

« *Considérant la propre culture nationale du peuple roumain ainsi que son passé historique ; partant du principe de la révolution en vertu duquel chaque peuple a le droit de décider librement lui-même de son sort*, DANS LE DÉSIR D'UNIR TOUTE LA NATION ROUMAINE, *de lui assurer tous ses droits souverainement nationaux, ainsi que de veiller à son progrès économique et intellectuel, le Congrès a décidé* ET DÉCLARE L'AUTONOMIE TERRITORIALE ET POLITIQUE DE LA BESSARABIE. »

La proclamation de l'autonomie de la Bessarabie — dit le procès-verbal de la séance — a provoqué un enthousiasme indescriptible. « La salle résonnait des ovations et des acclamations qui ne prenaient plus fin. On criait : Vive la Bessarabie libre et autonome ! Vive la nation roumaine ! Autour de la tribune on vit des drapeaux tricolores. Tous chantaient des chants nationaux et s'embrassaient de joie ».

A la séance du 23 octobre 1917, on vota aussi la décision concernant le « *Sfatul Tzarei* » (*Conseil suprême*) *de la Bessarabie*.

Le contenu de cette décision est le suivant :

« *Pour l'Administration de la Bessarabie on doit constituer dans le plus bref délai le Conseil suprême* (*Sfatul Tzarei*) *qui comprendra 120 membres. Les Moldaves auront 84 places* (*70 pour 100*) *et les autres nationalités de la Bessarabie 36 places* (*30 pour 100*).

« Toutes les institutions d'ordre administratif de la Bessarabie dépendront entièrement du « Sfatul Tzarei ».

« Aussitôt que le Sfatul Tzarei sera constitué, tous les Comités de Bessarabie n'auront plus qu'un caractère professionnel et n'auront plus le droit de se mêler des affaires politiques. »

A la séance du 25 octobre se présente le représentant du Gouvernement provisoire, le Commissaire provincial, qui porte à la connaissance du Congrès « qu'on avait reçu de Petrograd des nouvelles alarmantes concernant la Révolution bolcheviste, et on prie le Congrès d'attendre jusqu'à ce que les choses se soient éclaircies ».

Pour mettre en exécution toutes les décisions et les résolutions, le Congrès désigne une Commission spéciale et, pour la convocation et l'organisation du « Sfatul Tzarei », on crée un « bureau d'organisation » qui reçut les instructions nécessaires. Le bureau se mit au travail, étudia les matières statistiques et les différentes questions techniques et il fixa la convocation des députés du « Sfaful Tzarei » pour le 21 novembre 1917.

LE « SFATUL TZAREI » (CONSEIL DU PAYS)

Le 21 novembre 1917, date à laquelle on ouvrit pour la première fois les séances du « Sfatul Tzarei », est pour la Bessarabie, qui pendant 106 ans a été sous le joug d'une autocratie tzariste, un vrai jour de résurrection.

La parole même ne serait pas capable de rendre les sentiments dont était animé le nombreux public qui a assisté à la solennité de l'ouverture de « Sfatul Tzarei ».

Jamais on n'oubliera les moments grandioses quand, après le *Te Deum*, on fixa sur le Palais du Conseil d'État le drapeau moldave et lorsque pendant le défilé des troupes moldaves, la musique militaire, accompagnée par des milliers de voix enthousiastes, jouait l'hymne national roumain « Desteapta-te romane » (réveille-toi Roumain).

Tous, vieillards et jeunes, hommes et femmes, pleuraient de joie. A l'ouverture de la séance sont présents 105 députés du « Sfatul Tzarei ».

Ion Inculetz, chargé de cours à l'Université de Petrograd, est élu par vote secret Président à l'unanimité des votants. Après un discours du Président dans lequel il expose les grands problèmes que le Conseil d'État doit résoudre, suit une série de félicitations et de salutations.

Les délégués des différents groupements sociaux politiques et nationaux se succèdent les uns après les autres à la tribune du nouveau Parlement. Et il y eut 44 orateurs.

Parmi ces délégués se trouvait le Maire de la ville de Kichinev, A. C. Schmidt, qui salue le « Sfatul Tzarei » « *comme l'organe suprême de la Bessarabie* » et se rappelle de la foi qu'il avait jurée à la révolution russe ; « il déclare être convaincu que le « Sfatul Tzarei » n'oubliera pas les grands postulants de la Révolution »[1].

Nous y voyons encore S.-Luzghin, le Président du Tribunal régional russe de Bessarabie ; le Dr Lutzenko, délégué de la Rada ukrainienne ; les représentants des Sociétés nationalistes juives (Stern et Fischer), de la Société polonaise (Pomorski), ukrainienne (Mitkevitch), grecque (P. Sinadinos), Bulgares (Stoianof), etc., les délégués des socialistes révolutionnaires israélites (Cohen), des socialistes démocrates israélites (Grünfeld) ; des bundistes (Covarski), etc. ; les délégués du barreau des Avocats (Kircorof), de la Presse bessarabienne (German), de la « Zemstva » (Mujicicof et Podlesny), etc., en plus toutes les délégations nombreuses des Associations moldaves.

Tous les délégués expriment leur joie intense d'apprendre la création du *Sfatul Tzarei*, « *l'organe suprême, le premier organe législatif de la Bessarabie* »[2].

Tous à l'unanimité expriment l'espoir qu'ils ont que le « Sfatul Tzarei » rétablira l'ordre et sauvera le pays de l'anarchie bolcheviste « qui menace d'engloutir toutes les valeurs intellectuelles et matérielles créées par le travail du peuple pendant tant de siècles » (Covarsky).

En effet, les circonstances dans lesquelles le « Sfatul Tzarei » commença son activité étaient extrêmement difficiles. Les problèmes qui devaient être résolus demandaient au Conseil du pays l'attention de toutes ses forces.

---

1. Procès-verbal de la séance de l'Assemblée Nationale du 21/11/1917, p. 7.
2. Les orateurs Mitchevici, Niselzon, Grünfeld, etc.

Le premier soin a été naturellement l'organisation du pays et la détermination de la forme du Gouvernement.

LA PROCLAMATION DE LA RÉPUBLIQUE FÉDÉRATIVE MOLDAVE.

C'est pour cette raison que le « Sfatul Tzarei » déclare, le 2 décembre 1917, « en vertu de son passé historique », la Bessarabie une *république démocrate moldave* qui entrera à égalité de droits dans la République fédérale et démocratique de la Russie.

Le « Sfatul Tzarei » devient le pouvoir suprême de la République moldave et le pouvoir exécutif appartient au *Conseil des Directeurs généraux*.

Après que le « Sfatul Tzarei » eût exprimé le programme de son activité future dans la déclaration du 2 décembre, il commença le travail pour le salut de la Bessarabie, travaillant avec ardeur et sans relâche jour et nuit.

Il vote une série de lois et d'instructions concernant la question agraire, l'approvisionnement du pays, l'ensemencement des terres en friche, la démocratisation des « Zemstvos », l'organisation de l'armée nationale et territoriale, l'organisation des cantines pour l'approvisionnement des armées russes en cas de leur démobilisation ou de leur retraite, etc.

Mais, malgré ces mesures prises par le Conseil des Directeurs, l'anarchie augmentait de plus en plus. Tous les jours se présentaient au « Sfatul Tzarei » des délégués des différents points de la Bessarabie avec des plaintes contre les bandes de soldats russes.

Les « camarades russes » fraternisant sur le front avec les Allemands, leur vendant les munitions en échange de l'eau-de-vie ou du cognac, désertaient par centaines et par milliers du front et semaient la terreur dans les villages roumains et dans ceux de Bessarabie en se livrant à des vols, à des pillages, à des viols et en brûlant tout ce qu'ils rencontraient sur leur chemin.

Ainsi, au mois de décembre 1917, une quantité de propriétaires[1] et fermiers ont été assassinés; presque toutes les maisons, les fermes et les constructions appartenant aux boyards ont été incendiées dans les districts de Hottin, Baltzi, Ismail, etc.; les différents dépôts de céréales ont été pillés, ainsi que les caves de vin, les troupeaux de moutons, de bœufs, etc....

Le saccage s'approchait du centre de la Bessarabie.

Dans le district de Baltzi, deux régiments de cosaques, par l'intermédiaire de leurs comités, « ont affiché leur résolution de ne pas cesser le pillage tant qu'on ne les laissera pas rentrer chez eux »[2].

A la question : qui donc défendra la Bessarabie? les soldats russes répondaient : « Il n'y a pas de russes en Bessarabie, et jusqu'à nos provinces russes Orlof, Tambov, Saratov, Samara, les Allemands n'arriveront pas de sitôt ».

Les régiments moldaves étaient en grande majorité en train de se reconstituer et de se refaire. Les détachements régionaux qui étaient peu nombreux ne pouvaient pas maintenir l'ordre contre les centaines de bandes bolchevistes. Le Conseil des Directeurs s'est adressé à plusieurs reprises au Général en Chef des Armées russes sur le front roumain, le général Tscherbacief, ainsi qu'au général français Berthelot, demandant d'envoyer en Bessarabie des troupes disciplinées et sûres, pour garantir la vie et le bien de la population ainsi que pour surveiller les dépôts de l'armée alliée qui se trouvaient en Bessarabie. Mais ces troupes n'existaient plus. Le général Tscherbacief lui-même avec son grand quartier général était gardé par des soldats roumains contre les attentats bolchevistes.

Tous les alliés qui à cette époque se trouvaient à Jassy en sont témoins.

1. Razu, Bontasch, Anusch et d'autres.
2. Le protocole de la séance du « Sfatul Tzarei » du 21/11/1917, p. 31.

Le Gouvernement roumain était journellement bombardé par les télégrammes des différentes Associations de la population bessarabienne ainsi que des différents délégués de la Bessarabie demandant secours armé.

Les villes bessarabiennes de Cahul, Leova, Ismail et autres ne communiquaient plus avec Kichinev, mais elles demandaient directement du secours au Gouvernement roumain.

Vers la fin de décembre, la bourgeoisie (burjui), propriétaires, fermiers, prêtres, négociants et même paysans riches, quittaient par centaines les villages et leurs fermes et passaient le Pruth en Roumanie pour mettre leur vie à l'abri des sauvageries bolcheviques.

Dans de telles circonstances, la Bessarabie aurait été heureuse que la brave armée roumaine sauvât la situation, et le Conseil des Directeurs Généraux, conscient de la responsabilité qu'il avait vis-à-vis du pays, a adressé, à plusieurs reprises, au Gouvernement Roumain, des demandes dans ce sens. Mais l'armée romaine était trop occupée ailleurs. D'une part, elle devait seule tenir contre l'ennemi le front qui avait été quitté par « nos chefs alliés, les Russes » et, d'autre part, elle était forcée de liquider les armées bolchevistes russes qui se trouvaient en Roumanie et procédaient de la même façon que les bandes de Bessarabie.

Ce n'est que le 13 janvier 1918, et grâce aux nombreuses insistances et interventions des représentants alliés, que le gouvernement roumain s'est décidé d'envoyer une armée en Bessarabie.

Les affirmations de certaines personnes, qui ne peuvent pas oublier les prérogatives dont ils jouissaient sous le régime tzariste, qui disaient que l'armée roumaine serait entrée en Bessarabie avec le consentement des empires du centre[1], sont une pure calomnie parce que le 13 janvier 1918 le Gouvernement libéral était encore au pouvoir

1. *Bessarabie et Roumanie*, Paris, 1919.

et il n'a eu aucune relation avec les Puissances centrales. On peut citer comme témoins le Ministre de France en Roumanie, le comte de Saint-Aulaire, et le Général Berthelot.

La lutte de l'armée roumaine contre les armées bolchevistes russes a demandé beaucoup de sacrifices. Les districts d'Ackerman et d'Ismail où sévissait la sixième armée russe, celui de Hottin jusqu'à son occupation par les Autrichiens, ainsi que quelques parties des districts de Soroca, de Baltzi, d'Orhei et de Bender étaient dans un état complet d'anarchie et en proie aux bandes organisées des bolchevistes. Quatre années de réquisition militaire n'ont pu saccager la Bessarabie au même degré que quelques mois de pillage bolcheviste! La haine et la terreur qu'ont provoquées les armées bolchevistes dans la masse du peuple bessarabien ne disparaîtront pas avant quelques siècles.

Le cri de « les bolcheviks arrivent » est resté, même après qu'ils furent chassés du pays, comme un épouvantail dont se servent les mères pour tranquilliser les enfants espiègles.

Ce n'est qu'après avoir chassé les bolcheviks que l'ordre a pu être rétabli en Bessarabie. Et c'est seulement à présent, grâce à l'ordre établi par les soldats roumains, que le « Sfatul Tzarei » et le Conseil des « Directeurs généraux » ont pu commencer une activité plus féconde.

Pendant ce temps, la République fédérale de l'Ukraine s'était déclarée république indépendante.

La République moldave restait ainsi séparée et éloignée des autres républiques fédérales qui se sont formées sur le territoire de l'ancien empire russe. C'est pourquoi en Bessarabie, comme au sein du « Sfatul Tzarei », s'il se trouvait avant des partisans de l'orientation « vers le Dniester » et « vers Moscou », ainsi que des partisans de la conservation de la République fédérale moldave, à présent leur nombre est infime.

Les quelques impérialistes insensés qui rêvaient encore de l'unité des républiques fédérales russes, et qui pour cela préféraient « plutôt le bolchevisme que le partage de la Russie en différentes républiques indépendantes », n'étaient pris au sérieux par personne.

La proclamation de l'Indépendance de la Bessarabie.

Pour ces motifs, le « Staful Tzarei » (Conseil du pays) proclama le 24 janvier 1918 *à l'unanimité des votes l'indépendance de la République moldave*. Le Conseil des Directeurs se transforme en Conseil des Ministres.

Ce grand événement est motivé dans la déclaration du 24 janvier 1918 du « Sfatul Tzarei » de la façon suivante :

« Dans les circonstances actuelles, nous sommes dans la nécessité historique de nous déclarer, conformément à la volonté du peuple, une république moldave libre, autonome et indépendante, qui, seule, a le droit de décider à l'avenir de ses destinées ».

Ainsi les circonstances historiques, contre lesquelles la volonté des nations est presque toujours insuffisante pour changer leur sort, ont montré à la Bessarabie la voie de la vérité, la voie prédestinée, la voie de l'unité de la nation roumaine.

L'existence de la République moldave indépendante a duré seulement deux mois et trois jours. Pour l'existence d'un État indépendant, il faut de l'argent; on ne peut entretenir une armée sans argent, de même qu'il est impossible de réaliser une forte organisation d'État sans appui matériel. La Bessarabie, après quatre ans de guerre et après les terribles dévastations bolchevistes, ne pouvait plus avoir de l'argent. Un grand nombre d'années devrait s'écouler avant que les finances de l'État fussent capables de subvenir à tous les besoins. Il ne pouvait même pas être question d'un emprunt, car qui aurait pu alors risquer de prêter des centaines de millions à un État à peine surgi de la Révolution ? Puis, le « Staful Tzarei » de la République moldave indépendante se rendait parfaitement compte que la Bessarabie indépendante deviendrait bientôt la pomme de discorde entre les puissances voisines et serait de nouveau un territoire d'occupation militaire et même un théâtre de guerre.

Surtout que la « Rada ukrainienne » avait déjà exprimé la prétention qu'elle avait sur la Bessarabie, qu'elle voulait « avoir dans la sphère de son influence » et que l'Autriche, ainsi que les malheureuses tentatives de paix de Bucarest ont prouvé, désirait « rectifier sa frontière en arrachant une bonne partie du district de Hottin. »

En dehors de toutes ces considérations, le sentiment national moldave dictait impérieusement en Bessarabie pour une seule orientation : au delà du Pruth.

Voilà pourquoi l'union de la Bessarabie avec la Roumanie était fatale et inévitable.

L'évolution de l'idée d'union de la Bessarabie avec la Roumanie.

L'idée de l'union avec la Roumanie n'est pas partie d'un d'un seul individu ou d'une classe sociale seulement, ou du « Statul Tzarei » comme le prétendent quelques-uns de nos ennemis.

Elle est le fruit du désir de tant de générations au cours de tout le XIXe siècle, depuis l'annexion (1812) et jusqu'à l'écroulement de l'empire russe. Cette idée n'a jamais été abandonnée par les patriotes moldaves de la Bessarabie.

Les grands moments historiques par lesquels ont passé la Moldavie et la Valachie, depuis 1812 jusqu'à nos jours, malgré le mur chinois que la Russie avait constitué du fleuve Pruth, fleuve qui séparait les frères de droite de ceux de gauche, ces moments n'ont pu rester ignorés en Bessarabie.

La révolution de Tudor Vladimirescu de 1821 contre les grecs phanariotes, et par conséquent contre la Turquie qui leur vendait la couronne des principautés danubiennes ; la révolution nationale et sociale de 1848 de la Moldavie et de la Valachie ; l'attachement à la Moldavie des trois districts de la Bessarabie Ismail, Kahul et Bolgrad, conformément au traité de Paris (1856) ; l'union des principautés de Moldavie et de Valachie, en 1859 sous le prince Cuza ; les grandes réformes de ce Prince — surtout la réforme agraire et l'impropriation du paysan, l'émancipation des tziganes, la sécularisation des biens de l'Église, l'organisation de l'armée, la fondation de l'Université de Jassy —; le rattachement à la Russie des districts d'Ismail, Kahul et Bolgrad après le traité de Berlin de 1878 ; l'indépendance de 1877 ; la proclamation du royaume de Roumanie (1881) ; la révolution des paysans de 1907 ; — tous ces grands événements ne pouvaient pas ne pas avoir un retentissement en Bessarabie et ne pas nourrir l'idée de solidarité et d'unité nationale.

Même les écrivains russes comme Zozulinoff[1] ; Batiuscof[2] et d'autres se plaignent de l'influence roumanisante des événements.

Les partisans de cette idée deviennent plus nombreux après la révolution russe de 1905.

Grâce à des russificateurs comme Kroupenski, Purichkievitch, l'évêque Serafim et d'autres, un grand nombre de séparatistes sont expulsés de Bessarabie, comme par exemple l'archimandrite Gurie Grossu, l'inspecteur scolaire Ion Halippa, les professeurs Vasile Florof, Radulescu, etc, etc.

Nous ne parlons plus des persécutions contre ceux qui étaient seulement soupçonnés d'être séparatistes, ainsi que des mesures prises pour que les jeunes gens moldaves licenciés ne puissent occuper des postes en Bessarabie. Cette persécution a eu comme résultat logique l'accroissement du nombre des ennemis du tzarisme ainsi que l'accroissement du séparatisme. En automne 1917 et au

1. *Une brève esquisse historique sur la Bessarabie*, p. 136-139.
2. *La Bessarabie*, I, p. XL, XLI ; II, p. 55-56.

printemps 1918, l'union de la Bessarabie avec la Roumanie planait dans l'air. On parlait ouvertement de la nécessité de l'union dans les salons distingués comme dans les cabanes paysannes.

Déjà, le 3 mars 1918, l'Assemblée de la « Zemstva »[1] du district de Baltzi, élue par le suffrage universel, avait pris la décision suivante :

« Conscients *qu'il y a 106 ans nous avons été arrachés de force au doux sein de notre mère-patrie*, avec laquelle nous ne formions qu'un seul corps et une seule âme; conscients que pendant ces temps durs, après que Dieu nous a délivrés de la *tyrannie russe* qui nous a *opprimés, outragés et aveuglés* si longtemps, nous étions menacés de *périr dans le feu de l'anarchie bolchevique* et que la Roumanie nous a prêté un secours maternel dans des moments si graves, délivrant le pays de ses ennemis, nous donnant l'égide, la tranquillité et le bon ordre perdu; conscients que *seuls nous sommes trop peu nombreux et trop faibles pour pouvoir nous gouverner et nous défendre* pour ne pas tomber de nouveau sous un autre joug étranger qui nous rende de nouveau esclaves; nous décidons, au nom de notre région de Baltzi, *de nous unir de nouveau à notre chère mère-patrie la Roumanie*, désirant partager avec elle la prospérité ou les chagrins de notre vie future, comme au temps de la « Moldavie d'Étienne le Grand »[2].

La ligue des grands propriétaires du district de Baltzi vote en même temps la motion d'union avec la Roumanie. Voilà ce que disent les grands propriétaires :

« Appuyé sur les principes proclamés par la révolution..., *le peuple moldave établi ici depuis vingt siècles par ses ancêtres, les Romains, a déclaré, le 2 décembre 1917, que la Bessarabie sera une république moldave*;

« Tenant compte du dicton : « Là où il y a l'union, il y

---

1. L'assemblée du district.
2. Le protocole de la séance du 3 mars 1918.

a aussi la force », et de l'autre « Là où il y a deux la force augmente » ;

« Considérant que pendant 19 siècles la Bessarabie a toujours fait partie intégrale de la Moldavie, de la rive droite du Pruth, et que ses destinées ont toujours été étroitement liées à celles des principautés danubiennes avec lesquelles elle a partagé les mêmes chagrins et les mêmes joies ;

« Prenant en considération *qu'en 1812, la Bessarabie a été arrachée sans son consentement à son tronc ethnographique*;

« *Nous déclarons aujourd'hui d'une façon solennelle devant Dieu et le monde entier que nous demandons l'union de la Bessarabie au royaume de Roumanie*, dans le régime constitutionnel duquel nous voyons la sécurité de notre existence nationale, ainsi que de notre progrès économique et intellectuel ;

« Nous faisons appel à toutes les Assemblées zemtsviales de Bessarabie de s'associer à notre motion pour demander « au Staful Tzarei » de Kichinev d'envoyer une délégation à Jassy pour déposer au pied du trône de la Roumanie nos hommages de dévouement et de foi au roi Ferdinand Ier, roi de tous les Roumains. »

Suivent les signatures en tête avec celle du président Ciolak[1].

Quelques jours plus tard, le 13 mars, une motion analogue est votée par l'*Assemblée de la* « *Zemstva* » *du district de Soroca*. La Zemstva d'Orhei s'est préparée aussi à proclamer l'union.

Nous ne parlons plus des décisions prises dans ce sens par les Assemblées des « volostes » (arrondissements), des villages et d'autres organisations et groupements plus petits.

---

1. La déclaration des grands propriétaires du district de Baltzi du 3 mars 1918.

Le vote de l'union conditionnée par le « Sfatul Tzarei ».

Le 27 mars 1918, le sort de la Bessarabie était décidé. Les rêves et les espérances de tant de générations étaient enfin réalisés :

« *Au nom du peuple de la Bessarabie* — dit-on dans la déclaration du 27 mars 1918 — le « *Sfatul Tzarei* » *déclare que la République démocratique moldave (la Bessarabie), dans ses frontières entre le Pruth, le Dniester, le Danube, la mer Noire et les anciennes délimitations avec l'Autriche, et qui a été arrachée par la Russie, il y a plus d'un siècle, au tronc de l'ancienne Moldavie, en vertu du droit historique et ethnique et sur la base du principe, en vertu duquel les peuples ont la faculté de décider librement de leur sort, sera à partir d'aujourd'hui et à jamais rattachée à sa mère-patrie — la Roumanie —* »[1].

Cette union s'est faite sous certaines conditions. Voici les plus importantes :

1° Le « Sfatul Tzarei » continue à exister pour résoudre et réaliser les réformes agraires selon les besoins et les exigences du peuple ;

2° La Bessarabie garde son autonomie provinciale et ayant un « Sfat al tzarei » (*Diète*) élu à l'avenir par suffrage universel, égal, direct et secret et ayant son organe exécutif et son administration ;

3° Les lois en vigueur et l'organisation locale (Zemstves et villes) continuent à exister ;

4° On respectera les droits des minorités en Bessarabie ;

5° Deux des représentants de la Bessarabie seront reçus dans le Conseil des Ministres Roumains ;

6° La Bessarabie enverra au Parlement roumain un nombre de représentants qui sera proportionnel avec sa

---

1. Procès-verbal du « Sfatul Tzarei » du 27/3/1918.

population; ces représentants seront élus par suffrage universel, égal, direct et secret[1].

Les autres conditions se rapportent à la compétence du « Sfatul Tzarei, au recrutement de l'armée, aux élections pour les volostes, villages, villes, Zemstves et Parlement; à la liberté de la parole, de la presse, des cultes, etc., et à l'amnistie en matière de délit politique.

Cette motion d'union est votée avec une majorité écrasante du Parlement; 86 députés contre 3 ont voté pour l'union, et 36 se sont abstenus du vote. Les trois députés qui ont voté contre l'union, ainsi que 26 des 36 qui s'étaient abstenus, appartiennent à l'élément étranger de Bessarabie. Quelques-uns d'entre eux, comme par exemple Ponomariof, Osmolovsky, Curdinovsky, Misircof et d'autres, ont été envoyés récemment en Bessarabie par l'ancien régime tzariste comme professeurs des écoles secondaires ou mieux comme des russificateurs.

Ainsi l'union est votée avec plus des 2/3 du « Sfatul Tzarei. »

Les 36 députés motivent leur abstention : les uns qui n'avaient pas des mandats de leurs électeurs pour discuter l'union; les autres que le vote de cette question aurait dû être fait par « referendum » et que la seule forme d'union qui soit possible entre les frères du peuple moldave et ceux du peuple roumain est une « *étroite union fédérative* ».

LA COMPOSITION DU « SFATUL TZAREI ».

En ce qui concerne la constitution du « Sfatul Tzarei », d'après les éléments sociaux et nationaux, elle se présente au moment de l'union de la façon suivante : le « Sfatul Tzarei » avait 138 députés. Le bureau d'organisation, conformément aux instructions reçues du Congrès militaire

---

1. Déclaration du « Sfatul Tzarei » du 27 mars 1918.

du mois d'octobre 1917, a trouvé bon d'augmenter le nombre des députés, après l'étude de différentes questions techniques et statistiques, et à garder la proportion entre les nationalités; ceci fut approuvé par le « Sfatul Tzarei ».

Ces 138 députés ont été élus de la façon suivante :

1° 44 (quarante-quatre) députés ont été élus des différentes organisations militaires *qui représentaient plus de trois cent mille paysans bessarabiens de 19 à 48 ans*, mobilisés et se trouvant sur les différents fronts russes, c'est-à-dire parmi la majorité des paysans, excepté les vieillards et les enfants;

2° 36 (trente-six) députés élus par le 3° Congrès des délégués paysans, élus à leur tour par les communes de tous les districts de la Bessarabie;

3° 6 (six) députés élus comme représentants des « Zemstves » de la Province et des Districts, qui à leur tour ont été élus par suffrage universel;

4° 5 (cinq) députés envoyés par les Mairies des villes qui, à leur tour, ont été élus par suffrage universel;

5° 5 (cinq) députés envoyés par les organisations coopératives;

6° 3 (trois) députés du parti national moldave;

7° 1 (un) « des socialistes travaillistes »;

8° 3 (trois) des Sociétés culturales;

9° 1 (un) de l'union du Clergé;

10° 1 (un) de la Société Juridique;

11° 1 (un) du barreau des Avocats de Bessarabie;

12° 1 (un) des chemins de fer;

13° 3 (trois) des Associations des fonctionnaires de l'État;

14° 3 (trois) des Associations des Professeurs et des Instituteurs;

15° 1 (un) de la Presse bessarabienne;

16° 1 (un) de l'Union professionnelle des travailleurs;

17° 7 (sept) des organisations nationales ukrainiennes;

18° 5 (cinq) des organisations nationales israélites;
19° 2 (deux) des organisations nationales bulgaro-gagaoutzi;
20° 1 (un) des organisations nationales polonaises;
21° 2 (deux) — — allemandes;
22° 1 (un) — — arméniennes;
23° 1 (un) de la Ligue culturale russe;
24° 3 (trois) de l'Association des étudiants bessarabiens.
25° 1 (un) coopté par le « Sfatul Tzarei »;
Total : 138 députés.

Dans ce chiffre il y avait 11 propriétaires, 44 titrés, 48 avec des études secondaires, 19 juristes, 3 médecins, 2 ingénieurs, 9 professeurs d'écoles secondaires.

D'après leurs nationalités, les députés se divisaient en : 103 moldaves, 13 ukrainiens, 7 russes, 6 israélites, 5 bulgares-gagaoutzi, 2 allemands, 1 polonais et 1 arménien.

D'après les classes sociales, sur 138 députés, 85 appartenaient aux paysans. On proposa à la classe organisée des grands propriétaires cinq places au Parlement. Au commencement ils ont accepté, mais ensuite ils se sont retirés du « Sfatul Tzarei ».

Parmi les fractions, la plus grande était le bloc moldave (« Blocul moldovenesc ») composé de 75 à 80 députés qui, bien que divisés en plusieurs nuances sociales : socialistes révolutionnaires, socialistes agrariens, nationalistes démocrates, etc., représentaient en général les intérêts démocratiques de toute la Bessarabie.

Après avoir voté l'union, le « Sfatul Tzarei » continua ses séances, s'occupant des différentes questions qui touchaient surtout la réforme agraire. Pour résoudre ces questions, le Sfatul Tzarei a élu une commission formée des représentants de toutes les fractions parlementaires qui aurait le droit de convoquer différents spécialistes dans cette question. Au mois de juin, le « Sfatul Tzarei » entra en vacances.

LE VOTE DE LA RÉFORME AGRAIRE ET LA PROCLAMATION
DE L'UNION SANS CONDITION.

Conformément aux conditions de l'union, le « Sfatul Tzarei » s'est fait réserver le droit de résoudre la question la plus importante dans l'intérieur du pays — la réforme agraire — qui intéressait la plus grande majorité de la population de Bessarabie : la classe paysanne.

Dans ce but le Parlement fut de nouveau convoqué pour le 26 novembre 1918.

Le sens dans lequel cette grande question a été résolue prouve que le « Sfatul Tzarei » n'a jamais été réactionnaire comme le prétendent les uns, ni bolcheviste comme le prétendent les autres.

Les propriétés des particuliers sont expropriées à partir de cent hectares, laissant toutefois les vignobles, les jardins et les pépinières. Les propriétés expropriées sont remboursées selon leur qualité.

Les forêts des propriétés particulières, à part quelques petites exceptions, passent à l'État, mais ceci ne sera effectué que lorsqu'il sera possible.

Le sous-sol des terrains expropriés, les eaux et les terres en friche, passent à l'État.

La réforme agraire a été reçue à l'unanimité des votants.

Après avoir voté la réforme agraire, on vote la déclaration suivante :

« Après la réunion à la mère-patrie de la Bucovine, de la Transylvanie, du Banat et des territoires hongrois habités par les Roumains, entre le Danube et la Theiss, le « *Sfatul Tzarei* » *déclare que la Bessarabie renonce aux conditions d'union stipulées par l'acte du* 27 *mars* 1918, étant persuadé que dans la Roumanie de tous les roumains le régime purement démocratique est assuré à l'avenir.

« Le *Sfatul Tzarei*, la veille de la formation de la Constituante roumaine dont les membres seront élus par suffrage universel, en résolvant la question agraire pour satisfaire les besoins et les exigences du peuple, *déclare annuler les autres conditions contenues dans l'acte de l'union du 27 mars et accepte l'union sans condition de la Bessarabie à sa mère la Roumanie.* »

Cette déclaration est également reçue à l'unanimité des voix.

Après cela, le « Sfatul Tzarei » est dissous le 27 novembre 1918.

Ainsi la Bessarabie, arrachée il y a 106 ans au corps de la Moldavie d'Étienne le Grand par la cupidité et la violence moscovites, est de nouveau rattachée à son tronc ethnographique.

Ainsi un peuple, de presque 3 millions d'âmes, est délivré des chaînes de l'esclavage moscovite et se dirige vers la voie naturelle d'une vie nouvelle et libre, conforme à sa destinée historique et nationale.

TABLE DES MATIÈRES

Bibliographie. 5

CHAPITRE I

Le développement du sentiment national roumain en Bessarabie. 7
Le rôle de la Révolution de 1905. 8
Le groupement des boyards 8
Le parti démocrate. 9
La poursuite des publications roumaines et l'insuccès des publications russes 10
Le prélat Sérafim et la « dynastie Kroupensky » 12

CHAPITRE II

La Bessarabie est restée roumaine. — Les témoignages des hauts dignitaires et savants russes : *a)* du **gouverneur Timcovsky**.— *b)* des savants: **Zasciuk, Afanasief-Ciujbinsky, P. P. Soroca**. — *c)* de l'historien **P. Batiuscoff**. — *d)* du publiciste **Cruchevan**. — *e)* de l'historien **Lascof**. — *f)* du professeur et ancien ministre russe **Casso**. — Les hommes politiques russes demandent au Gouvernement russe de rendre la Bessarabie à la Roumanie 16

CHAPITRE III

L'idée de l'Union de la Bessarabie avec la Roumanie. — L'organisation du parti national démocrate moldave. . . 23
Les diverses réunions et congrès demandent l'autonomie de la Bessarabie. Les protestations contre les tendances de l'Ukraine d'annexer la Bessarabie.— Le congrès des paysans du 1-2 octobre 1917. — Le congrès militaire du 20 octobre 1917 24
Le Parlement de la Bessarabie « Sfatul Tzarei » 33
La proclamation de la République fédérative moldave le 2 décembre 1917 35
La proclamation de la République moldave indépendante le 24 janvier 1918 39
L'évolution de l'idée d'union de la Bessarabie avec la Roumanie. 40
Le vote de l'union conditionnée par le « Sfatul Tzarei ». . . 44
La composition du « Sfatul Tzarei ». 45
La proclamation de l'Union sans condition et le vote de la réforme agraire. 47

85359. — Imprimerie Lahure, rue de Fleurus 9, à Paris.

www.ingramcontent.com/pod-product-compliance
Lightning Source LLC
LaVergne TN
LVHW021702080426
835510LV00011B/1536